Exploremos la ciencia

CONSTRUIR CASAS VERDES

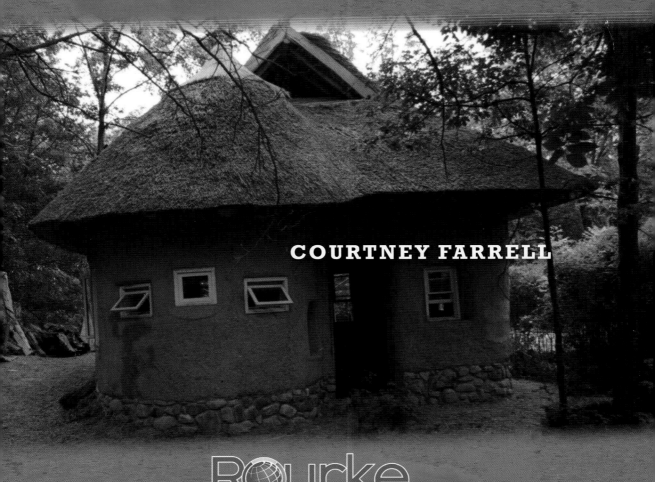

COURTNEY FARRELL

Rourke
Educational Media

rourkeeducationalmedia.com

www.rourkeeducationalmedia.com

Edición de la versión en inglés: Amy Van Zee
Cubierta y diseño interior: Kazuko Collins
Asesor de contenido: Rachel Maloney, LEED AP Owner, Natural Built Home
Traducción: Yanitzia Canetti
Adaptación, edición y producción de la versión en español de Cambridge BrickHouse, Inc.

ISBN 978-1-61810-468-7 (Soft cover - Spanish)

Rourke Educational Media
Printed in the United States of America,
North Mankato, Minnesota

www.rourkeeducationalmedia.com - rourke@rourkepublishing.com
Post Office Box 643328 Vero Beach, Florida 32964

Contenido

Capítulo 1

¿QUÉ SIGNIFICA CONSTRUIR CASAS VERDES?

Las casas verdes son de cualquier color. Cuando decimos que algo es *verde*, significa que es bueno para el planeta. Reciclar es una de las maneras de llevar una vida verde y de ayudar al medio ambiente. Las casas verdes también ayudan. Ahorran agua y energía. Además, se construyen con materiales **no tóxicos**, que no dañan a las personas.

Las casas verdes son conocidas también como casas ecológicas.

La mayoría de las casas usan calentadores para generar calor y aires acondicionados para mantenerse frescas.

Las construcciones regulares o **convencionales** usan muchísima energía. Las personas necesitan calefactores o aires acondicionados para sentirse cómodas. Las luces también consumen energía. Algunas casas convencionales tienen pocas ventanas, por lo que usan muchas luces.

Materiales de construcción como vinilo, pintura, alfombra y barniz pueden liberar gases de compuestos **tóxicos**. Es decir, pueden emitir pequeñas cantidades de vapores venenosos. Estos vapores son conocidos como compuestos orgánicos volátiles (**VOCs**, siglas en inglés). Puede que la gente no huela esos vapores tóxicos pero, aun así, no son saludables. Algunos hasta pueden causar cáncer.

Estos son problemas serios, pero se pueden evitar si se construyen casas verdes. Hay muchas maneras de llevar una vida verde. Hoy las tiendas venden pinturas menos dañinas, con bajo o ningún nivel de VOCs. Además, se pueden construir casas con materiales no tóxicos, como el adobe y la paja compacta. Por lo general, los materiales naturales son más seguros que los fabricados por el hombre, también llamados **sintéticos**.

Inhalar vapores de pintura puede ser perjudicial.

Las casas de adobe son adecuadas para climas cálidos y secos.

Las casas ecológicas comienzan con una buena planificación, que incluye dónde construirlas. Si es posible, una casa en un clima frío debe construirse en un lugar soleado y una casa en un clima cálido debe construirse en un lugar con sombra.

Aprovechar los lugares con sombra es una manera natural de mantener fresca una casa en el verano.

Una casa se calienta un poco si el sol da en sus ventanas. Esto se conoce como diseño solar autónomo.

Cuando se diseña una casa, es importante la ubicación de las ventanas.

Durante el invierno, en el hemisferio norte, los rayos solares vienen principalmente desde el sur. Las casas de aquí deben tener grandes ventanas orientadas hacia el sur. Los aleros encima de las ventanas evitan que entre mucho el sol en días calurosos. El lado norte de la casa debe tener ventanas pequeñas, o ninguna ventana.

¿SABÍAS QUE...?

Los *earthships* (barcos terrestres) son hogares solares autónomos hechos con materiales reciclados como neumáticos viejos. Se pueden construir en la ladera de una colina para recibir aislamiento adicional. El frente está hecho practicamente de ventanas. Estas casas suelen recibir la energía eléctrica del sol o del viento. Por lo general, están diseñadas para recoger el agua de lluvia, que puede filtrarse y utilizarse en el hogar.

Las casas con bermas de tierra están semienterradas en las laderas de las colinas. Dentro, la tempertura suele ser estable.

Las casas solares autónomas también utilizan la masa térmica para almacenar y brindar calor. Tanto la roca como el agua se calientan con el sol. Cuando el sol se oculta, estos irradian otra vez el calor poco a poco. Las paredes o pisos de piedra proporcionan masa térmica a las habitaciones expuestas al sol. Algunas casas tienen también tanques de agua que brindan masa térmica.

Las casas ecológicas se aislan bien para que no pierdan mucha energía. El aislamiento mantiene las temperaturas agradables en el interior. Un sello hermético evita que el aire caliente se escape y que el aire frío entre.

9

Es importante sellar las grietas alrededor de las ventanas para evitar que el aire caliente o frío se escape.

Para lograr que las casas antiguas sean más verdes, los constructores pueden añadir aislamiento y sellar las grietas. Esto ayuda a reducir los costos de calefacción y refrigeración y ahorra energía. Los propietarios también pueden reemplazar los viejos inodoros y duchas con accesorios que usen menos agua. Arreglar una vieja casa puede ser más verde que construir una nueva. Muchos materiales de construcción se pueden reutilizar o reciclar.

Aun así, existen riesgos al derribar los muros de las casas antiguas. La pintura y la fontanería en edificios antiguos pueden contener plomo. El plomo es un metal que puede causar daño cerebral, especialmente en los niños.

Estos profesionales se visten con ropas y máscaras protectoras para sacar asbes

Antes de que se supiera que era peligroso, el **asbesto** se utilizaba para el aislamiento de tuberías y del cableado eléctrico. La inhalación de pequeños fragmentos del mismo puede causar cáncer de pulmón.

Las casas ecológicas están hechas para ahorrar energía. Pero además, algunas generan su propia energía con paneles solares y turbinas eólicas. Los paneles solares convierten la energía solar en electricidad limpia. Las turbinas de viento convierten el viento en energía. Ambos pueden ser caros, pero la electricidad que se obtiene es gratis.

La tabla de partículas está hecha de recortes de madera pegados.

Tú puedes ayudar a tu familia a que aprenda a llevar una vida verde sin mudarse a una nueva casa. Los venenosos compuestos orgánicos volátiles proceden del pegamento de los muebles hechos de partículas. La madera auténtica es más cara, pero dura más. Algunos árboles, como el árbol de Paulownia, pueden volver a crecer rápidamente después de ser cortados, por lo que puedes animar a tu familia a que busque muebles hechos de estos árboles.

Una forma barata de llevar una vida verde es deshacerse de las cortinas de ducha de vinilo, cuyo material es también tóxico. Reemplázalas con cortinas de telas hechas de algodón o de bambú.

¿SABÍAS QUE...?

La mayoría de la gente sabe que el papel, el cartón, el plástico y los metales se pueden reciclar. ¡Pero las sobras de comida también se pueden reciclar! Estos residuos se convierten en un valioso abono para los jardines. Las lombrices de tierra rápidamente convierten los desechos de comida en abono orgánico. Incluso les gustan los alimentos con moho. Las lombrices de tierra pueden vivir sobre una pila de alimentos descompuestos , o en galerías bajo tierra. ¡Los residuos son una manera interesante de llevar una vida verde!

Capítulo 2

CASAS DE TIERRA

La mitad de los habitantes del planeta aún viven en casas de barro o tierra. Algunas casas de tierra son chozas. Otras son grandes y hermosas edificaciones. Las construcciones de tierra pueden durar cientos de años. Desde hace mucho tiempo, los indígenas Pueblo, del suroeste de los Estados Unidos, construyen con ladrillos de tierra, llamados adobe. Ellos hicieron amplios apartamentos que todavía están en uso.

Las casas de tierra pueden ser de muchas formas y tamaños.

Los constructores modernos están redescubriendo los beneficios de construir con tierra. Las casas de tierra permanecen cálidas en invierno y frescas en verano. Además, son fáciles de hacer. La paja y el barro son una de las formas más antiguas de construir con tierra. Se hace presionando el barro sobre un armazón de varas tejidas llamado zarzo.

El armazón de madera le da forma y estructura a la casa de adobe.

Las edificaciones hechas de adobe son comunes en el suroeste de Estados Unidos. Por lo general tienen paredes gruesas y ventanas pequeñas para evitar el calor del desierto. La palabra *adobe* puede referirse a este estilo de edificación y a los ladrillos que se usan para construirla. Hacer ladrillos de adobe puede ser un trabajo sucio. El suelo arenoso se mezcla con el agua para lograr un lodo espeso. El lodo se coloca en moldes rectangulares. Una vez que el lodo se seca, los ladrillos están listos.

Los ladrillos de lodo o adobe se secan al sol.

Hoy las casas de adobe suelen parecerse a las casas hechas de madera u otros materiales.

El adobe tiene muchas ventajas. Es barato y no es tóxico. Los ratones no pueden roerlo, y está incluso a prueba de fuego. Para ahorrar dinero, el adobe se puede hacer con la misma tierra donde se levantará la edificación. El adobe también tiene una gran cantidad de masa térmica. Como el agua, absorbe el calor durante el día y lo irradia en la noche. Esto hace que las casas de adobe sean cómodas para vivir. No cuesta mucho calentarlas o enfriarlas.

¿SABÍAS QUE...?

Algunas construcciones de adobe se hacen con arcilla y arena mezcladas con paja. Pero se esculpen a mano, no con ladrillos. Porciones de la mezcla de paja y barro se presionan con la mano y se les va dando forma. Las casas no tienen que ser cuadradas. Los constructores tienen la libertad de hacer el diseño que deseen. Algunas casas son muy creativas, con formas extrañas y maravillosas.

Esta casa de adobe tiene arcos hechos a mano y ventanas redondeadas.

El tapial es otro tipo de casa verde. Se hace con tierra, como los ladrillos de adobe. Y al igual que el adobe, el tapial brinda buen aislamiento y masa térmica.

Hacer una pared de tapial es como hacer un ladrillo gigante. Primero, se hacen grandes moldes de madera llamados formas en el lugar donde se levantará la pared. Luego, los moldes se rellenan con tierra humedecida. Los suelos que tienen arena y arcilla funcionan mejor. Después, la primera capa de suelo se comprime o **compacta**. Esto se hace a mano o con maquinarias.

Los trabajadores de Marruecos hacen casas de tapial.

Una vez que la capa de suelo se compacta, se ve y se siente como una roca. Luego se levantan los moldes y se colocan en la parte superior de la capa recién hecha. Se echa otra capa de tierra encima y se compacta bien. Los constructores continúan apisonado el suelo hasta que la pared es lo suficientemente alta.

La construcción con sacos de tierra utiliza bolsas llenas de barro. Las bolsas se apilan para formar las paredes. Unos hilos de alambre de púas entre las filas las mantienen unidas. Debido a que las bolsas son flexibles, las casas pueden adoptar inusuales formas redondeadas. Cuando están cubiertas con yeso, las construcciones con sacos de tierra se parecen mucho a las construcciones de adobe. Si la pasta que cubre los sacos es delgada, puede verse a través de esta la forma ondulada de las bolsas.

¿SABÍAS QUE...?

En octubre de 2005, un fuerte terremoto sacudió Pakistán. Se destruyeron muchos edificios. La gente no tenía refugio, y llegaba el invierno. Las organizaciones humanitarias ayudaron a los residentes a hacer refugios con sacos de tierra. Estos refugios son baratos y rápidos de construir. Un refugio temporal con sacos de tierra puede construirse por alrededor de $100 dólares estadounidenses. Debido a esto, se pueden construir en zonas de desastres como viviendas de emergencia.

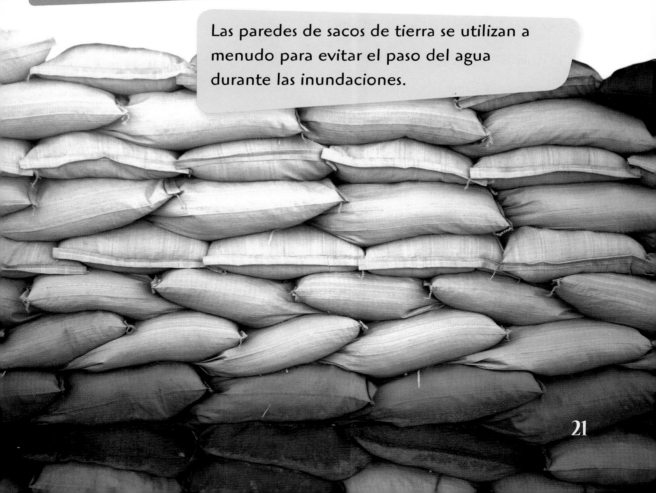

Las paredes de sacos de tierra se utilizan a menudo para evitar el paso del agua durante las inundaciones.

CASAS DE PAJA

Imagina una casa hecha de paja. ¿Se viene abajo de un soplido? ¿Se incendia? ¿Se ennegrece con el moho? ¿Se convierte en refugio de ratones? La verdad es que las casas con fardos de paja son durables y seguras. Si se construyen correctamente, las pacas de heno o paja no se mojan. El moho y los ratones no entran. Y, sorprendentemente, las pacas de paja no se queman con facilidad.

El heno no solo sirve para las camas de los animales. Las pacas de paja pueden servir como material de construcción.

La gente comenzó a construir con pacas de heno a finales de 1800. Los pioneros que llegaron a las Grandes Planicies de América del Norte encontraron un montón de hierba, pero pocos árboles. Sin madera, ¿cómo iban a construir sus casas? Algunos colonos cortaron bloques de césped. El césped es el suelo unido por las raíces de las hierbas. Los bloques de este suelo se pueden apilar para construir casas. En algunos lugares, el terreno no era bueno para el corte de césped. Los colonos tenían un problema. No tenían casas, y llegaba el frío. Estos pioneros rápidamente apilaron pacas de heno o paja para hacer casas de paredes gruesas.

El césped se usa por lo general en jardinería.

23

Los pioneros pensaron que estas casas de paja serían temporales. Pero se sorprendieron al ver que se mantenían calientes y secas todo el invierno. Por lo que decidieron hacer las casas de paja de manera **permanente**. Una capa de estuco o yeso evitaba la humedad de las pacas para que las paredes no se pudrieran. Algunas de estas históricas casas de paja se mantienen en pie actualmente.

Una casa necesita un buen techo y una buena base. Las paredes de una casa de paja o de tierra deben permanecer secas o, de lo contrario, se vendrán abajo. Los cimientos de una casa deben ser rígidos para que no cedan bajo el peso de la misma. El hormigón, los escombros y las piedras son los materiales más usados para los cimientos. En las casas de paja, una barrera contra la humedad va entre los cimientos y la primera capa de pacas.

Caja del constructor

Recuerda, no importa con qué material de construcción se haga, lo importante es hacer unos cimientos fuertes para que la casa sea durable.

¡Se necesitaron solo 175 pacas de paja para hacer esta linda casita!

¿SABÍAS QUE...?

Las leyes estatales sobre sismos exigen que las casas sean reforzadas para evitar el colapso del techo. ¿Qué ocurre con las casas de paja durante los terremotos? Las pruebas han demostrado que las pacas de paja se flexionan cuando la tierra tiembla. Una casa de paja no se caerá si las conexiones entre los cimientos, las paredes y el techo son fuertes.

En una casa de paja, funciona casi cualquier techo. Los constructores que trabajan con pacas de paja prefieren materiales naturales. Una opción divertida es un techo vivo o verde. Estos techos tienen plantas y flores encima. Los constructores pueden poner pacas en el techo y dejar que se **descompongan** o pudran. Entonces se dispersan semillas de flores silvestres en la parte superior. Después de un tiempo, las pacas se convierten en suelo fértil. Las plantas crecen; las flores se abren. Gruesas alfombras de raíces absorben la humedad. Aun así, los techos vivos necesitan una capa impermeable debajo de ellos para evitar goteras.

Los techos de paja suelen hacerse con pajas, hierbas, juncos u hojas.

Los techos verdes no son solo para las casas de paja.
Se pueden poner también en casas tradicionales.

Las pacas se pueden apilar dentro de marcos de madera para que se mantengan fijas en un sitio. Se colocan postes metálicos a través de las pacas para asegurarlas. Muchos constructores utilizan una capa de estuco en el exterior de las paredes. Luego, enyesan las paredes de pacas.

Al igual que las estructuras de bajareque, las casas de paja suelen tener marcos de madera.

Las paredes interiores de una casa de paja se cubren con un terminado no hermético, como el yeso de barro. Este permite que pase un poco de aire a través de la pared y evita que se acumule la humedad en su interior. El vapor de la cocina, tomar duchas, e incluso la respiración se pueden acumular. Es importante mantener los fardos secos, por lo que los constructores se aseguran de que estas casas estén bien ventiladas.

Caja del constructor

Recuerda, un hogar con buen aislamiento gasta menos energía para mantener la casa cálida o fresca.

Las paredes gruesas significan que las casas de de paja están bien aisladas.

Las casas de paja tienen paredes de casi dos pies (0,6 metros) de espesor. Algunos constructores añaden aún más aislamiento alrededor del exterior de las pacas. Estas casas energéticamente eficientes son cómodas sin mucho calentamiento o enfriamiento.

Como las casas de paja tienen paredes tan gruesas, las ventanas tienen repisas profundas. Es fácil convertir estas en cómodos asientos. También sirven para colocar lámparas y adornos. Los constructores pueden ser creativos añadiendo asientos, estantes y hornacinas.

En el interior, las paredes suelen enyesarse con cálidos tonos de tierra. Estas gruesas paredes absorben el sonido y esto hace que el interior sea tranquilo y silencioso.

Capítulo 4

CASAS VERDES CON MADERA

Puede que te preguntes cómo es posible construir una casa verde con madera. Sabes que la tala de bosques no es precisamente algo ecológico o *verde*.

¿SABÍAS QUE...?

El búho moteado vive en los antiguos bosques del noroeste del Pacífico. Los búhos moteados están en peligro de extinción debido a la tala de árboles. Cuando una especie se extingue, no queda ningún animal de su tipo. Los búhos moteados necesitan los árboles gigantes de los antiguos bosques para sobrevivir.

Algunos constructores tratan de evitar el uso de la madera por completo. Otros compran solo madera certificada por el *Forest Stewardship Council (FSC)*, que proviene de bosques administrados de manera sostenible.

Búho moteado

Construir verde con madera

Origen de la madera	Tipos de madera	Posibles usos
Ambientalmente sustentable	Roble, arce, pino, bambú, secoya, abeto de Douglas, eucalipto y otros árboles del bosque	Tablas, pisos, muebles, molduras, chimeneas, gabinetes, marcos de puertas y ventanas
Regenerada o reutilizada	Roble, pino, castaño, abeto de Douglas, olmo y otros árboles de antiguos graneros, casas o del fondo de ríos y arroyos	Tablas, pisos, muebles, molturas y revestimientos chimeneas
Reciclada	Desechos o residuos de madera de muchos tipos	Se puede dividir y reforma para fabricar materiales de jardinería, camas de animales, superficies deportivas, ciertos tipos de muebles y plataformas

Los árboles viejos tienen fuertes raíces que se adentran profundamente en la tierra.

¿Qué significa **sostenible**? Si se emplean con cuidado, los recursos utilizados de manera sostenible nunca se acabarán. Por ejemplo, los leñadores pueden tomar algunos árboles. Deben replantar luego más árboles jóvenes de los que tomaron, porque no todos los retoños sobreviven. No se deben talar los árboles cerca de los ríos y arroyos. Estos árboles son importantes para prevenir la erosión del suelo. Sus fuertes y profundas raíces ayudan a mantener el suelo fijo en su lugar. Los árboles también ayudan a proteger el agua de la contaminación. Actúan como un escudo contra los contaminantes.

¿SABÍAS QUE...?

Al talar una sección de bosque, los árboles mueren. Los árboles pequeños y arbustos son aplastados por máquinas. El bosque desaparece. Al caer luego la lluvia sobre las colinas deforestadas, el suelo se erosiona. La lluvia arrastra la suciedad hacia los ríos. La suciedad obstruye las branquias de los peces y a veces los mata. Si las pendientes están erosionadas, los deslizamientos de tierra pueden arrastrar casas enteras cuesta abajo.

Caja del constructor

La madera crea un fuerte armazón para las casas hechas de diferentes materiales.

La madera de usa tradicionalmente para formar las estructuras de las construcciones convencionales. La mayoría de estas construcciones no son verdes porque usan materiales sintéticos para cubrirlas. Una manera de construir verde con madera es usando troncos de leña. En la **albañilería** de leños, estos se apilan en pequeños grupos y se unen con mortero. Cuando se terminan de hacer las paredes, los extremos de los leños quedan expuestos hacia el exterior.

Construir con leños es una opción verde porque se pueden usar los árboles pequeños. Como se cortan en secciones, los árboles torcidos también se pueden usar.

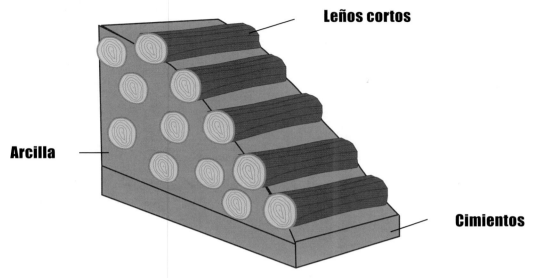

Pared de leños

Leños cortos

Arcilla

Cimientos

Los constructores pueden utilizar trozos de madera recuperados de edificios demolidos. Incluso se pueden utilizar troncos de los árboles calcinados en incendios forestales.

Las construcciones con leños tienen una apariencia única, como este granero.

Hoy en día las construcciones de leños usan arcilla para rellenar las secciones entre los leños. La arcilla es una opción más verde que el mortero. Se requiere mayor energía para hacer mortero o argamasa.

Las casas de troncos se hacen con madera. Se pueden construir con tintes no tóxicos y con materiales naturales. Esto hace que sean sanas, que es una manera de llevar una vida verde. Que sean sostenibles o no, depende de dos factores: el tamaño de los troncos y la procedencia de estos. Los troncos enormes suelen verse en los albergues próximos a estaciones de esquiar, donde había bosques antiguos. La tala de estos no es sostenible. La mayoría de las casas de troncos se hacen con troncos más pequeños, cuyos árboles se pueden talar de manera sostenible.

Las casas de troncos se hacen colocando unos sobre otros. Se les hacen muescas en los extremos para que estos encajen. Estas casas no tienen buen aislamiento pero tienden a permanecer cálidas porque los troncos brindan mucha masa térmica.

Para hacer una casa con troncos, a estos se les hacen muescas en los extremos para que encajen bien unos con otros.

Capítulo 5

AHORRA AGUA Y ENERGÍA

Todas las casas verdes tienen una cosa en común: **Conservan** recursos naturales como el agua y la energía.

Conservar no significa dejar de usar algo. Significa usarlo sabiamente y no derrocharlo. Necesitamos conservar porque los recursos naturales de la Tierra son limitados. Estos incluyen los árboles, los suelos y los combustibles. Aunque parezca que tenemos recursos ilimitados, no es cierto.

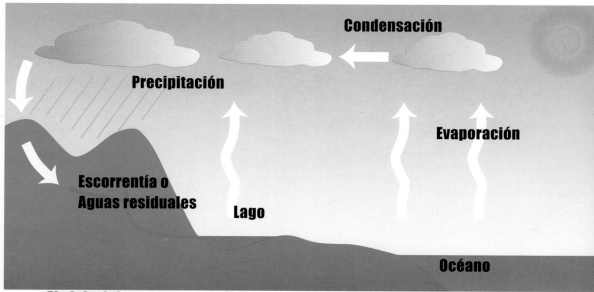

El ciclo del agua

La Tierra tiene la misma cantidad de agua que siempre ha tenido, moviéndose a través del Ciclo del agua. Nuestro planeta no se está quedando sin agua, ¡nos estamos quedando sin agua limpia!

La mayor parte del agua que tenemos no sirve ni para beber ni para regar las plantas. Gran parte de esta es salada o está contaminada. Algunas fábricas tiran sus desechos en ríos y océanos. Las **bacterias** crecen en las aguas sucias, y las personas pueden enfermarse.

Puede que sea divertido jugar en el agua salada, ¡pero esta no es buena para calmar la sed de las personas y los animales; ni para regar las plantas! La desalinización es el proceso de eliminar la sal del agua para hacerla potable y apta para el riego.

Podemos ayudar usando menos agua. Las duchas de bajo flujo echan menos agua por minuto que otros modelos. Podemos, además, reusar parte del agua que tenemos. Por ejemplo, el agua utilizada para lavarse las manos sirve todavía para regar el césped. A ese tipo de agua se la denomina agua gris.

Las casas convencionales desperdician mucha agua. Parte del agua que se va por el desagüe no está tan sucia.

Tomar duchas breves ayuda a conservar el agua.

¿SABÍAS QUE...?

Las cosas biodegradables se descomponen naturalmente en el ambiente. Son mejores para el planeta. Todos podemos ayudar al medio ambiente usando jabones biodegradables. Estos jabones no contaminan el agua. Los jabones y detergentes biodegradables son fáciles de encontrar en las tiendas de alimentos saludables.

Nadie querrá beberla, pero no se tiene que desperdiciar. Estas aguas grises se podrían usar en céspedes y jardines.

Los sistemas para recoger aguas grises son tuberías que mantienen las aguas grises de las duchas y lavabos separadas del agua del inodoro, o aguas negras. Los sistemas convencionales de tuberías mezclan las aguas grises y las negras. El agua gris se desperdicia. Las aguas grises se pueden redirigir al exterior y utilizarse para regar el césped y las plantas.

Una vez que la casa está construida, es difícil volver atrás e instalar un sistema de aguas grises. Pero hay otras maneras de conservar el agua.

Los barriles de lluvia se conectan a los canalones de la casa a través de un tubo de bajada. ¡Un aguacero llenará el barril de agua para calmar la sed de las plantas en días soleados!

- Toma duchas breves en vez de largos baños.
- Cierra el grifo mientras te cepillas los dientes.
- Enjuaga los platos en un recipiente grande. Luego usa el agua para regar las plantas.
- Recoge el agua de lluvia en barriles.

Otra manera de ahorrar agua es asegurarse de que el gobierno local cuente con una planta para regenerar agua. El agua se regenera con el tratamiento de las aguas negras y grises. Su uso es seguro en la industria y para regar las plantas. Algunas ciudades tienen tuberías separadas para suministrar agua regenerada.

¿SABÍAS QUE...?

Una manera de llevar una vida verde es instalar inodoros de doble descarga. Estos tienen dos opciones: una descarga completa que usa 1,6 galones (6,1 litros) y otra que usa 0,8 galones (3 litros). La mayoría de las veces solo necesitamos la descarga breve.

La mayor parte de nuestra energía proviene de combustibles fósiles como el petróleo y el gas. Los combustibles fósiles

Muchos yacimientos de petróleo están en lugares de difícil acceso, como debajo de los océanos.

son recursos no renovables. Una vez que se agoten, no tendremos más.

Podemos cambiar a energías limpias como la energía solar y la eólica. El sol y el viento nos pueden proporcionar energía durante muchos años. Los paneles solares atrapan la energía del sol y la convierten en electricidad limpia. Algunas casas verdes generan su propia electricidad usando paneles solares.

Caja del constructor

Los paneles solares se pueden inslatar en los techos.

Pero hacer los paneles solares gasta energía y genera contaminación. Los paneles solares producen electricidad limpia. Sin embargo, esto podría no compensar la energía utilizada en su fabricación. Los científicos están trabajando para resolver el problema.

Los parques eólicos son lugares donde hay muchas turbinas eólicas gigantes. La electricidad de los parques eólicos se transfiere a una red de líneas eléctricas que provee energía en un área. En algunas ciudades, la gente paga un poco más para obtener electricidad de origen eólico. La energía eólica es limpia y renovable.

La energía de una turbina de viento se puede utilizar para proveerle electricidad a un hogar.

Es divertido hacer cambios para una vida verde. Tú puedes ayudar a que toda la familia participe, mostrándoles la manera de conservar los recursos de la Tierra.

Glosario

albañilería: arte de construir usando ladrillos, piedras, mortero, arcilla u otros materiales

asbesto: mineral fibroso; es carcinógeno cuando se usa para la fabricación de productos resistentes al fuego

bacteria: organismo unicelular y microscópico

biodegradable: capaz de descomponerse de manera natural

compacto: comprimido, apretado, aplastado, apisonado

conservar: ahorrar o preservar para el futuro

convencional: ordinario, común o regular

decomponerse: romperse, deshacerse, pudrirse

deforestar: cortar todos los árboles de un área

extinción: la pérdida o muerte del último miembro de una especie

no tóxico: que no es dañino o venenoso

permanente: que dura mucho tiempo o para siempre

sintéticos: materiales artificiales o que imitan a los naturales

sostenible: capaz de continuar indefinidamente; ecológicamente seguro

temporal: que dura por poco tiempo

tóxico: venenoso, capaz de causar enfermedades o muerte

VOCs: siglas en inglés para compuestos orgánicos volátiles, gases que emiten algunos productos y pueden ser perjudiciales para la salud

Índice

Sitios en la internet

www.energystar.gov/index.cfm?c=kids.kids_index

www.epa.gov/region8/building/kids/

www.kidsface.org/

www.theroundhouse.org/images/1walls/gallery.htm

Acerca de la autora

Courtney Farrell es una escritora profesional que ha escrito nueve libros para los jóvenes. Ella tiene una maestría en zoología y le interesan los temas de conservación y sostenibilidad. Farrell está certificada como diseñadora y profesora de permacultura, un tipo de agricultura orgánica. Ella vive con su esposo y sus hijos en un rancho en las montañas de Colorado.